FULL SCORE

WSL-18-005
＜吹奏楽セレクション楽譜＞

ティコ・ティコ

Zequinha de Abreu　作曲
郷間幹男　編曲

楽器編成表		
木管楽器	金管・弦楽器	打楽器・その他
Piccolo	B♭ Trumpet 1	Drums
Flutes 1 (& *2)	B♭ Trumpet 2	*Timpani
*Oboe	*B♭ Trumpet 3	Percussion 1
*Bassoon	F Horns 1 (& *2)	...Conga
*E♭ Clarinet	F Horns 3 (& *4)	Percussion 2
B♭ Clarinet 1	Trombone 1	...Timbales
B♭ Clarinet 2	Trombone 2	Percussion 3
*B♭ Clarinet 3	*Trombone 3	...Xylophone, Vibraphone
*Alto Clarinet	Euphonium	
Bass Clarinet	Tuba	
Alto Saxophone 1	Electric Bass	Full Score
*Alto Saxophone 2	(String Bass) ※パート譜のみ	
Tenor Saxophone		
Baritone Saxophone		

＊イタリック表記の楽譜はオプション

ティコ・ティコ - 13

ご注文について

ウィンズスコアの商品は全国の楽器店、ならびに書店にてお求めになれますが、店頭でのご購入が困難な場合、当社PC&モバイルサイト・FAX・電話からのご注文で、直接ご購入が可能です。

◎当社PCサイトでのご注文方法

http://www.winds-score.com

上記のURLへアクセスし、WEBショップにてご注文ください。

◎FAXでのご注文方法

FAX.03-6809-0594

24時間、ご注文を承ります。当社サイトよりFAXご注文用紙をダウンロードし、印刷、ご記入の上ご送信ください。

◎電話でのご注文方法

TEL.0120-713-771

営業時間内にお電話いただければ、電話にてご注文を承ります。

◎モバイルサイトでのご注文方法

右のQRコードを読み取ってアクセスいただくか、URLを直接ご入力ください。

※この出版物の全部または一部を権利者に無断で複製(コピー)することは、著作権の侵害にあたり、著作権法により罰せられます。

※造本には十分注意しておりますが、万一落丁乱丁などの不良品がありましたらお取替え致します。また、ご意見ご感想もホームページより受け付けておりますので、お気軽にお問い合わせください。

MEMO

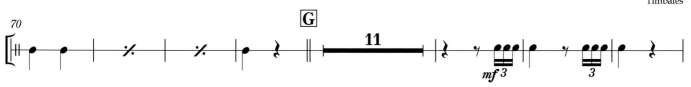
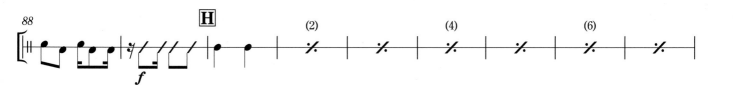
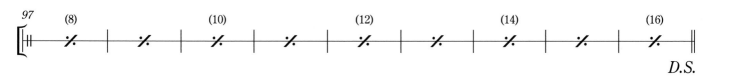
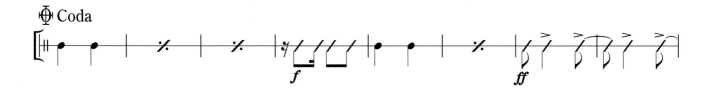
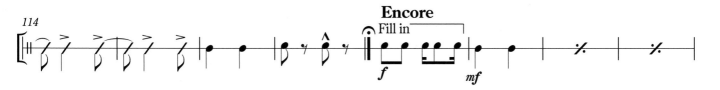

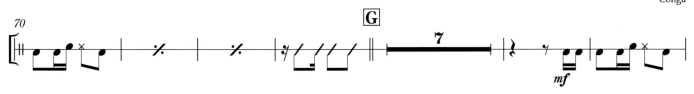
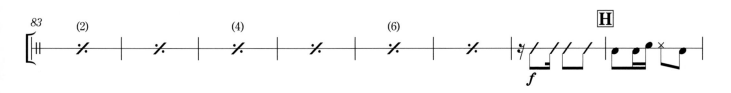
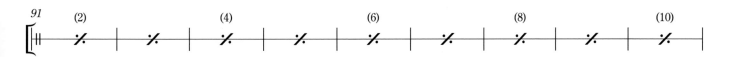
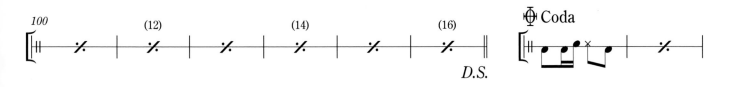

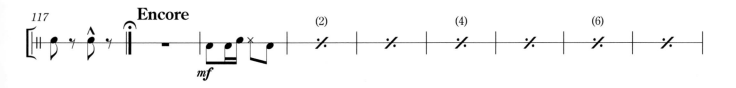

MEMO

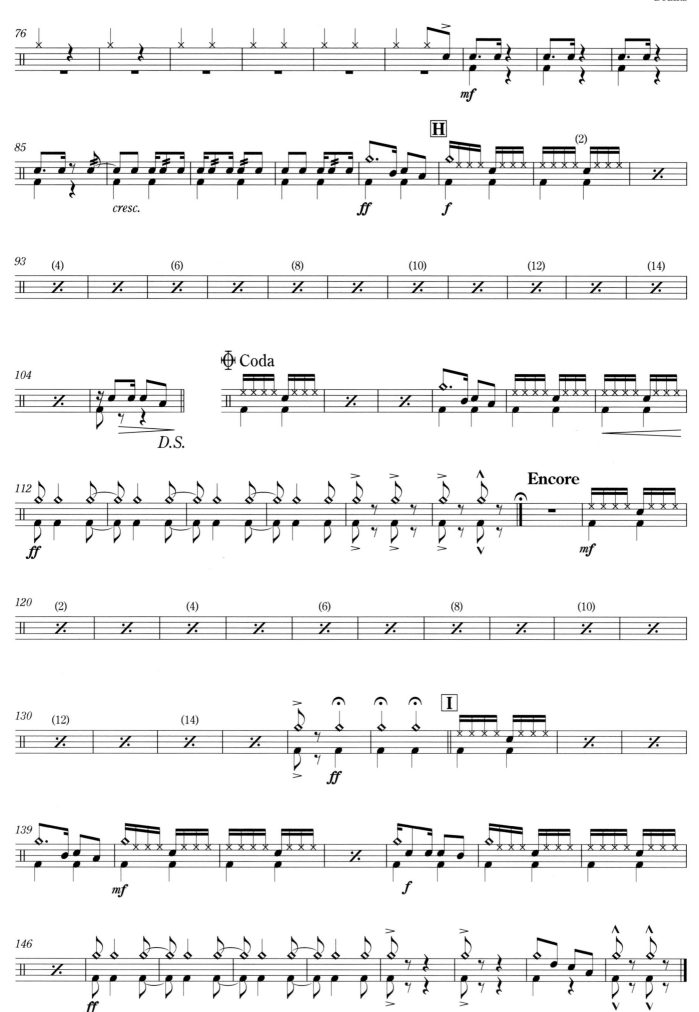

MEMO

ティコ・ティコ
Tico-Tico no Fubá

Electric Bass

Zequinha de Abreu 作曲
郷間幹男 編曲

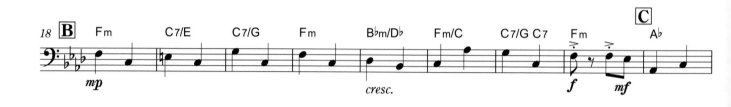
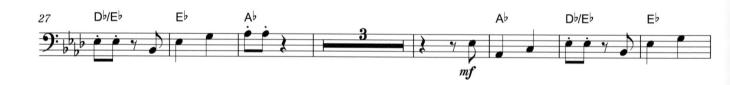

Tuba

ティコ・ティコ
Tico-Tico no Fubá

Zequinha de Abreu 作曲
郷間幹男 編曲

MEMO

E♭ Clarinet

ティコ・ティコ
Tico-Tico no Fubá

Zequinha de Abreu 作曲
郷間幹男 編曲

MEMO

Bassoon

ティコ・ティコ
Tico-Tico no Fubá

Zequinha de Abreu 作曲
郷間幹男 編曲